Sables

Contes de fées contemporains sur le thème de l'amour, poèmes et en prose

Translated from the English version of Sands

Dr. Aashna Gill

Ukiyoto Publishing

Tous les droits d'édition mondiaux sont détenus par
Ukiyoto Publishing
Publié en 2023

Droits d'auteur sur le contenu © Dr. Aashna Gill

ISBN 9789360166915

Tous droits réservés.
Aucune partie de cette publication ne peut être reproduite, transmise ou stockée dans un système de recherche documentaire, sous quelque forme que ce soit et par quelque moyen que ce soit, électronique, mécanique, photocopie, enregistrement ou autre, sans l'autorisation préalable de l'éditeur.

Les droits moraux de l'auteur ont été revendiqués.

Il s'agit d'une œuvre de fiction. Les noms, les personnages, les entreprises, les lieux, les événements, les localités et les incidents sont soit le fruit de l'imagination de l'auteur, soit utilisés de manière fictive. Toute ressemblance avec des personnes réelles, vivantes ou décédées, ou avec des événements réels est purement fortuite.

Ce livre est vendu à la condition qu'il ne soit pas prêté, revendu, loué ou mis en circulation de quelque manière que ce soit, sans l'accord préalable de l'éditeur, sous une forme de reliure ou de couverture autre que celle dans laquelle il est publié.

www.ukiyoto.com

À tous ceux qui ont apprécié mes écrits, je dis merci.

Table des matières

Ce qui aurait pu être   1

Le Soleil   2
L'air Et L'eau   3
Un Peu De Soleil   4
Impétueux   5
Solo Song   6
L'amour Et Autres Choses   7
Serendipité   8
Pensées De Tamisage   10
Prends Ma Main   11
Le Vent Sous Mes Voiles   12
Eclipse   13
Je Serai Là   14
Les Nœuds Et Les Cravates   15
Mon Vrai Nord   16
L'envie D'errer   17
Mondes Parallèles   18

Ce qui aurait dû être   19

Rompre Le Charme   20
Le Vide   21
La Sœur De Cendrillon   22
Note D'amour   23
Que S'est-Il Passé ?   24
Terre Du Passée   25
Le Sable S'échappe   26
4 Am   27
Parc De L'humanité   28
Réalité Surréaliste   29
Enchevêtrement Quantique   30
Tequila Et Rhum   31

Ce qu'il est   33

Rencontre Avec La Nouvelle Personne   35
Potluck   36
Malchanceux En Amour   38
Comment Devenir Une Bonne Sorcière   39
Quasars   40

Muse	41
Du Sable Dans Les Mains	42
Icicle	43
Nyctophilia	44
Sans Sommeil	45
L'histoire D'une Petite Fée	46
Poursuivre Le Même But	47
Le Grand Hall	48
Que L'aventure Commence	49
Produits Chimiques Pétillants	50
Météorite	52
Perdre Tout	53
Une Âme À Vendre	54
Eaux Profondes	55
Script	56
C'est Ma Vie	57
Taches	58
Statue	59
Non Lu	60
Capitole	61
Amoureux En Rêve	62
Lumières De La Ville	63
L'homme De La Mort	65
Cagoulé	66
Confessions	67
Promesse	68
Histoires De Constellations Et De Jeunes Filles Sous Les Constellations	69
Contes De La Mer	70
Tu Me Fais Croire À L'amour	71
Mon Meilleur Rêve	72
Comètes	73
Sucre	74
Kaléidoscope	75
Étincelles	76
Poussière De Fée	77
Appelle-Moi Par Ton Nom	79
Le Silence Est La Paix	81

Graine — 82

La Descente Dans La Folie	83
Cher Grand-Père	84

Racine — 85

Les Racines — 86
Étoile Filante — 87

Bourgeon — 88

Comment Respirer — 89
Le Guerrier Déchu — 90

À Propos De L'auteur — 92

Ce qui aurait pu être

Le Soleil

Je resterai dans ton ombre car tu es ma lumière,
vacillante et vacillante, à jamais hors de vue,
Des boules de neige et des miroirs, des rires et des plaisirs,
Dans tes bras, c'est l'endroit où je préfère me cacher,
Je resterai dans ton ombre car tu es ma lumière,
Sourires étouffés, gentils et méchants, tu es mon chevalier.

L'air Et L'eau

Je suis l'air. Il est l'eau. Il m'accueille en lui et je m'immerge volontiers en lui. Je suis un oiseau naturellement enclin à voler. Il est le nid où j'ai besoin de revenir car son cœur est mon refuge préféré. Il a tendance à construire un mur autour de lui, et j'ai l'habitude de l'en faire sortir. Je fais deux pas en arrière lorsque je pense qu'il a besoin de temps seul. Parfois, il fait deux pas en avant pour être à nouveau avec moi, pour le plus grand plaisir de mon cœur. Parfois, je reste là à attendre, me demandant s'il reviendra. Mais étant les deux parties d'une même âme, j'emprunte le chemin qui mène à lui.

On dit que je le laisse confus quant à ce que je ressens pour lui et ce que j'attends de lui. Il m'inspire à écrire. Il m'inspire à rêver de mon conte de fées. Cela ne suffit-il pas ? J'aimerais qu'il soit plus expressif, mais je ne suis pas sûre que ce soit ce que je veux, car son silence et sa subtilité en disent plus que n'importe quel mot. Je l'aime de tout mon cœur. Je pense toujours à lui. Est-ce qu'il ressent la même chose ?

Un Peu De Soleil

Tout ce que je veux, c'est un peu de soleil,
Un amour si vrai qu'il me fait sourire,
Une promesse tenue, un lien fort,
Une relation qui dure longtemps.

Tu peux me donner ton cœur, et je le garderai en sécurité ;
Avec mon cœur, tu peux le faire remplacer.
Je peux être la raison de ton sourire,
Tu peux toujours rester à mes côtés.

Un amour qui n'a pas besoin de raison,
Un amour qui dure toutes les saisons,
Mes larmes sur tes paumes quand je pleure,
Mon nom sur tes lèvres quand tu meurs.

Impétueux

Si je dis que j'ai écrit pour vous,
Dans combien de temps pourrai-je te l'envoyer ?
Mon amour est maladroit, gauche et brusque,
Combien de temps avant d'augmenter la température ?

S'est renseigné et a appris qu'un garçon pouvait mettre
secondes ou un an pour tomber amoureux.
J'ai dépassé les bornes,
N'as-tu pas attendu l'amour assez longtemps ?

Parmi les endroits de mon cœur, il y a une maison pour toi,
J'ai parlé aux martinets,
J'ai parlé aux vents,
Pour te ramener chez moi.
Une coccinelle a promis de porter sur un pissenlit
mon étoile à souhaits,
pour nous rapprocher d'une distance qui semble lointaine.
Les kilomètres, les espaces et le temps n'existent plus
quand les lanternes volantes atteignent le rivage.
Je t'ai vu dans des visions dans les hauteurs,
Je t'ai aimée à voix basse alors que tu étais tout près.
Je t'ai envoyé des baisers sur des pétales
et des sentiments dans des lettres non révélées.

Solo Song

Je te parle, je pense à toi,
C'est tout ce que je veux faire,
Entendre tout ce que tu dis,
Et attendre que nos cœurs se rencontrent.

Je discute avec toi de tout,
Mais pas de ce que je pense,
A propos de toi, à propos de moi,
Sur la façon dont nous pourrions être parfaits.

J'ai peur que tu dises non,
Je ne voudrais jamais que tu t'en ailles.
Dans mon cœur, il y a la pluie et l'arc-en-ciel,
Et une chanson que je chante en solo.

Ma tête tourne,
Tant de sentiments,
Je suis allongé ici en train de rêver,
Je ne fais que des vœux pieux.

Ressentez-vous la même chose ? Je ne sais pas,
Suis-je celui qu'il te faut, le saurais-tu ?
Je t'attendrai pour l'éternité,
Jusqu'à ce que tu réalises que je fais partie de ton destin.

L'amour Et Autres Choses

J'ai trouvé l'amour dans un bocal,
Des lucioles entourées de barreaux,
Je les libère,
Juste toi, juste moi.

J'ai trouvé le pardon dans un sourire,
Dans une bouteille de bière en peu de temps,
Dans un rêve, une réalisation,
Ma vérité en hibernation.

J'ai trouvé mes ailes dans des discussions honnêtes,
Dans la terre qui tourne, dans mes longues promenades,
J'ai trouvé l'espièglerie dans mon clin d'œil,
En passant en revue tout ce que vous pensez.

Suivons chaque étoile,
Jusqu'à ce que nous arrivions si loin,
où nous patinons sur les anneaux de Saturne,
Embrassant l'amour et d'autres choses.

Serendipité

Blanche-Neige, drapée dans un saree noir et rouge, avec de minuscules boucles d'oreilles en or et des cheveux épinglés jusqu'aux épaules, est entrée dans le bar sportif avec son ami. L'after-party qui suit la fête de l'université est déjà en cours, bien qu'il y ait peu de monde et des visages oubliés.

Snow et son amie aperçurent deux de leurs camarades à la réception, ce qui confirma que l'after-party avait bien lieu. Les jeunes filles occupaient la piste de danse en saris et les hommes en costume d'apparat, tous étant venus ici après la fête de l'université.

Le prince charmant s'avança et les accueillit chaleureusement. Il était vêtu d'un costume gris et d'une chemise noire, grand, brun et beau. Il les salua tous les deux comme s'ils étaient ses amis les plus proches.

Quelques minutes plus tard, Blanche-Neige conclut que la fête était sponsorisée principalement par le Prince Charmant, qui n'avait pas participé à la fête du collège, mais qui était ici dans son costume d'apparat.

Charmant l'escorta et ils prirent un verre ensemble. Ils prirent avec d'autres. Snow a dansé avec ses camarades de classe.

Elle s'est assise sur le canapé avec son ami pendant qu'il dansait sur la musique. Elle s'amusait beaucoup et souriait en voyant à quel point son ami DJ était absorbé par la musique.

Charmant s'approcha plusieurs fois de Blanche. Il lui racontait les derniers événements de sa vie, notamment le courrier envoyé par les autorités de l'auberge pour lui demander de quitter sa chambre pour cause de toxicomanie, d'organisation d'une fête d'anniversaire et de tapage. Ils parlaient, buvaient un verre, puis se perdaient dans la foule, sans s'en préoccuper, car ils s'amusaient beaucoup.

Alors qu'elle était assise sur le canapé avec son amie, Snow regardait Charmant danser un slow avec une de ses amies qui était trop ivre. Les heures passèrent. Le plaisir ne s'arrêtait jamais. L'instant d'après, les jeunes filles s'entassaient toutes dans une voiture pour se rendre à l'appartement des garçons et y passer la nuit.

Toutes les jeunes filles étaient complètement ivres, à l'exception de Snow, qui pouvait tenir le même nombre de verres que les autres, mais avec élégance, à la perfection.

À l'appartement, les jeunes filles étaient blotties dans leur lit. Les couples étaient dans le hall, l'un dans une autre pièce. La musique jouait, et bientôt tout le monde s'assoupissait.

Blanche avait faim, elle le dit et Charmant la conduisit à la cuisine. Ils s'assirent sur l'étagère et il commença à parler. Ils mangèrent. Les gens entraient et sortaient de la cuisine, mais leur conversation continuait. Il la présenta à nouveau aux nouveaux visages comme sa bonne amie depuis sa première année de collège. Ils en étaient à leur quatrième année d'université.

Pendant cinq heures et demie, leur conversation s'est poursuivie jusqu'à ce qu'il soit sept heures et demie du matin.
sept heures et demie du matin.

Pensées De Tamisage

Aujourd'hui, j'ai ramassé mes pensées et je les ai passées au tamis,
Je me suis assise à la fenêtre pour cueillir des souvenirs dans l'ourlet,
Cela fait trois mois que je n'ai pas posé de crayon sur une page,
Versez-moi une cruche de mots et regardez mes doigts courir.
Des rêveries idéalistes viennent frapper à mon esprit,
Je cherche en moi, un perdant, je trouve.
Emmène-moi dans un pays où les baisers sont lents,
Le courage est la devise, les rêves brillent dans les yeux,
Et si tu dois partir,
Glissez-moi un remède, pour que les souvenirs s'effacent.

Prends Ma Main

Prends ma main et laisse-moi t'emmener,
Dans un endroit très lointain,
Où tu riras, où tu souriras,
Nous marcherons ensemble tant de kilomètres.
Laisse ta voix envelopper mes oreilles,
Que ta présence remplisse mes années,
Tiens mes mains et ne pars jamais,
Trop plein d'amour, je peux à peine respirer.

Le Vent Sous Mes Voiles

Ici et là, dans une brise qui s'approche,
Votre pensée vient naviguer et est la bienvenue ici,
Je suis pris en train de sourire dans l'équipement d'un pirate,
Carry me out of bed était un texte risqué, ma chère.

Nous pourrions être des vagabonds ou des membres d'un groupe ;
Je suivrais joyeusement, aveuglé par ton éclat.
Tu es ma tasse de café après une journée bien remplie,
Sensation de flou, longues discussions, partons en voiture.

Eclipse

La première goutte de pluie sur vous,
La vivacité de la nature qui vous entoure,
La force parfaite du café,
Un caramel au goût d'amour.
Emmène-moi là où les jours sont calmes,
Et mon esprit enveloppé d'un baume de sérénité.
Mon esprit est tombé dans un trou de lapin,
Je pourrais risquer de passer par un trou K.

Je Serai Là

Lorsque vous n'avez nulle part où aller, choisissez la route qui vous ramène à la maison.

à la maison ;

Quand tu n'as personne que tu connais, marche vers le battement de cœur que tu connais.

Quand tu auras besoin d'un endroit où te cacher,

je serai là, les bras ouverts.

Quand le monde semble être un mauvais endroit,

Ensemble, nous dissiperons la brume.

Nous pouvons traverser les nuits,

Blottis près de la lumière du feu.

Quand tout ce que tu veux, c'est tomber,

Je serai là pour te rendre fort.

Quand tu trouveras la fin si proche,

Je serai là pour dissiper toute peur.

Les Nœuds Et Les Cravates

Nuits d'hiver, suspendus aux rails,
Le ciel étoilé le plus clair, la lune dans sa meilleure phase,
Un appel à une flamme jumelle,
Une note d'amour envoyée au même.

Puis-je aligner les étoiles pour nous ?
M'obliger sans faire d'histoires ?
Comme un parfum qui peut voyager,
Je suis à vous pour démêler.

Mon Vrai Nord

Prends cette carte et viens me voir,
Car je sais que vous ressentez l'intensité,
Prends ce marteau et brise les barrières,
Laisse libre cours à tous les terriers qui sont en toi.

Je ferais claquer mes talons et je te rejoindrais
si tu me le demandais.
Je réorganiserais ma vie
pour être à tes côtés.

L'envie D'errer

Devenons des gitans hippies,
Ou plongeons dans les mers profondes.
Je préférerais être n'importe où, mais pas ici ;
Installer un cœur et une âme dans un robot était un pari voué à l'échec.
Enveloppons-nous de musique et de livres ;
Avant d'entrer, laissez votre formalité sur les crochets.
Une vie simple, une pensée curieuse, des actions significatives,
Méditation, thé vert et rations biologiques.
Chuchotez à mes oreilles tout ce qui vous fait vibrer,
Je ne cherche ni un nid ni un endroit où me cacher.
Si les baisers sont ton langage, les câlins sont le mien,
Je ne t'appartiens pas, mais mon amour est le tien.

Mondes Parallèles

Tout le monde a besoin d'amour pour enchanter sa vie,
Pas une série d'amants qui ne resteront pas à côté.
Une chaîne d'événements pour vous faire voir tous les deux,
Tu es celui qui est fait pour moi,
Avec la force des cœurs et une patience imprévue,
Rendons possible ce beau rêve.

Allons dans un magasin d'antiquités. Je veux quelque chose de riche en histoire,
quelque chose qui a survécu.

On m'a dit que l'amour n'était qu'un conte de fées. J'ai répondu : Je ne voudrais pas qu'il en soit autrement.

Le concept d'un conte de fées n'est pas de trouver le vrai prince, mais de créer le vrai amour.

Ce qui aurait dû être

Rompre Le Charme

"L'amour est ce qui se rapproche le plus de la magie", pensa Snow, rationalisant ses émotions. Deux mois s'étaient écoulés depuis la conversation matinale avec Charmant. Elle pensait avoir mis le souvenir en bouteille pour un regard futur à travers un Pensieve[1] . Elle avait coulé tous les détails pertinents de l'événement précédent. Décrire la magie ferait disparaître l'ombre.

Le Vide

Il y a un vide dans mon âme qui demande à être libéré par les mots,
Alors je te lis, et je t'écris.
Vous collez comme du goudron à mon âme,
et vous flottez comme des nuages au-dessus de ma tête.
Je vous rince,
Les bulles jouent,
Et je recommence un nouveau cycle.

La Sœur De Cendrillon

Comme la pantoufle de verre qui n'allait pas,
Comme la sœur qui n'a pas eu de chance,
je te regarde depuis que nos yeux se sont croisés,
Le festin tant attendu que je n'ai jamais nourri.
Nous sommes le plus grand amour qui n'a pas eu lieu,
La route destinée qui n'a jamais été empruntée.
Hé, étranger, j'y ai beaucoup réfléchi ;
C'est pourquoi, dans tes bras, je ne suis pas.
J'aurais dû t'embrasser ce matin-là,
Mais il n'y a pas de sort pour l'aube de notre amour.
Tout ce qu'il me reste de toi, ce sont les mots que j'ai écrits,
Un univers parallèle, un nous différent, étouffé dans une note.

Note D'amour

On peut vivre dans un souvenir toute une vie,
à 2268 kilomètres de celui que tu appelles le mien.
Des villes que nous n'oublions pas,
Des chemins que l'on emprunte pendant des années.
Une note d'amour à une ville et à ses souvenirs ;
Des étrangers avec qui partager la nostalgie et les plaisanteries.

Que S'est-Il Passé ?

Qu'est-il arrivé à tous ces rêves ?
Des beautés plongées dans un profond sommeil,
Un baiser qui les réveille à la vie,
Des princes qui montent des chevaux blancs.

Il y a des dragons partout,
Des donjons, des allées sombres, du désespoir,
Des lampes qui ne brillent pas,
Des chants qui ne riment pas.

Des défis que nous ne gagnons plus,
Un avenir qui s'assombrit,
Qu'est-il advenu du courage qui mène à la victoire ?
Qu'est-il advenu d'une histoire heureuse et vivante ?

Terre Du Passée

Prés et portes,
Plaisirs à tarifs,
Les gargouilles se moquent des anges déchus,
Les gardes forestiers n'apprécient plus les dangers,
Des esprits tordus derrière des visages parfaits,
Les héros se recroquevillent derrière les rochers et les obstacles.

Si un magicien pouvait redresser la situation,
vous et moi pourrions être sauveur et chevalier.
Les Wisps nous disent de nous rendormir,
Parce que le marais est épais et profond.

Le Sable S'échappe

Écrivez votre nom dans le sable et regardez-le s'envoler,
Donne ton coeur à quelqu'un, regarde-le s'éloigner.
Croire tout ce qu'il a dit, et tout ce que tu n'as pas dit,
Souhaitez-vous parfois que votre cœur soit mort ?

Voudriez-vous vivre votre vie comme les autres veulent que vous le fassiez ?
Voulez-vous vous lever et être le vrai vous ?
Marchez vers vos rêves, marchez vers vous,
Et maintenant regardez autour de vous, à quel point vous êtes seul ?

Est-il sage de sourire quand les choses s'éloignent ?
Est-il sage de regarder puis de s'éloigner ?
Est-il sage de tenir du sable dans ses mains, comme on dit,
Le sable s'échappe ; oui, il s'échappe.

4 Am

Quatre heures du matin, la brise dans mes cheveux,
Les oiseaux gazouillent quelque part près de moi,
Je marche sur mon balcon,
Dans une nuit sans sommeil, la spontanéité,
Musique mélangée avec tes pensées branchées dans ma tête,
As-tu trouvé quelqu'un d'aussi bon que moi au lit ?
Si le temps n'existe pas, je pourrais attendre éternellement,
Qui peut dire que tu n'arriveras jamais ici !
Comme les oiseaux qui gazouillent chaque matin,
Une voix têtue dit que notre amour est en train de naître.

Parc De L'humanité

Promenez-vous dans le parc de l'humanité,
et dites-moi ce que vous voyez vraiment,
Des sourires, du bonheur et de la joie partout,
Ou des cœurs au point de rupture du désespoir ?
Chaque mot prononcé a-t-il un sens ?
Chaque promesse est-elle destinée à être tenue ?
Pouvez-vous voir derrière les sourires en plastique ?
Pouvez-vous voir toutes ces tentatives ratées ?
Pensez-vous que celui qui aide le veuille ?
Pensez-vous que celui qui rit le veuille ?
Donnerais-tu ton cœur pour qu'il soit brisé ?
Donnerais-tu tes ailes pour être secoué ?
Sortez par la porte de derrière, partez ;
Ce n'est pas l'endroit pour toi, tu sais.

Réalité Surréaliste

Elle s'est regardée dans le miroir, la fille s'est retournée ;
Ce n'était pas elle, c'est ce qu'elle s'est dit,
Avant qu'elle ne puisse trouver une réponse, elle a été prise dans un rêve,
Si brumeux et surréaliste que la réalité semblait parfois.

Elle s'engagea dans une prairie verte et fleurie ;
Une minute plus tard, il n'y avait plus qu'elle et son ombre ;
Elle regarda le ciel, était-ce le soleil ou la lune ?
Comment a-t-elle pu grandir si vite ?

Elle s'assit sur le rocher et attendit l'amour,
Elle le voulait vite, et bien vite,
Elle s'est éloignée avant que les larmes ne la blessent ;
Maintenant, elle a mis un verrou sur son cœur.

Elle brille si fort qu'elle disparaît dans la nuit,
C'est une solitaire, mais elle est pleine de vie,
Ne marche pas vers elle, elle pourrait te repousser,
Garde tes pas doux, sinon elle s'envolera.

Enchevêtrement Quantique

Et si tout ce que je suis, c'est ici, dans tes bras ?

Et si tout ce que je suis est loin, très loin ?

Comme des particules, comme de l'énergie, comme des électrons libres,

Des vagues sur le rivage, s'écrasant sur la mer,

Nous nous rencontrons, mais je ne rencontre que moi.

Tequila Et Rhum

Deux tons de brun - les yeux dont je me souviens très bien,
Tequila et rhum - ce que tu fais à mon intérieur.
On se croise dans le couloir, on se sourit et on passe,
Tu me demandes où je cours,
Je réponds : "C'est ce que je fais."
Je suis revenu sur mes pas parce que je t'ai vu,
J'ai fait deux pas en arrière pour te dire bonjour,
Tu as dit que tu te souvenais de ce que je portais la première fois que tu m'as vu,
Tu as dit que j'étais drôle et tu as repensé à l'époque où nous aurions dû être amis,
Tu as tenu ma main toute la matinée, et il n'y avait nulle part ailleurs où j'aurais préféré être.

Tu es le calcul rénal en forme de cœur qui se déplace chaque jour dans l'esprit, l'âme et le corps, laissant des tremblements dans son sillage. Tu es le saint péché commis. Tu es la dose d'ecstasy la plus forte avec une envie d'un an.
Certains jours, tu es un tesson de glace ancré dans mon cœur.
J'ai vécu une vie entière pendant ces heures.
Tu m'as regardé comme si tu pouvais me sauver, et je t'ai regardé comme si tu le pouvais.
Les gens nous éraflent comme du papier de verre. Ils nous brûlent comme des bougies alors que nous n'avons fait que nous soucier d'eux. Nous sommes nés dans le monde pour y ajouter de l'amour et de l'attention. Tous ceux qui ont apporté un changement au monde ne l'ont pas fait avec moins que cela.

C'est une grave erreur de construire des sanctuaires dans notre cœur pour des personnes qui ne méritent pas d'être commémorées.

Parfois, je relis les histoires que j'ai écrites pour me confirmer que tout est vrai, dans les moindres détails.

que tout était vrai, dans les moindres détails.

Ce qu'il est

Ariel2 , la sirène, était assise sur un gros rocher dans l'océan, d'où l'on voyait le rivage. Ses congénères s'agitent autour d'elle. Des dauphins se prélassaient près de la surface et un banc de poissons-globes rouges flottait juste sous la surface. Le fond de l'océan s'anime avec ses coraux majestueux qui abritent des hippocampes, des crabes et des perles géantes dans leurs coquilles d'huîtres.

De temps en temps, l'étoile qui guide Ariel lui donne des jambes pour s'aventurer dans le monde des humains. Une fois par lune bleue, elle se sentait liée à un homme.

Plus tard, dans l'océan, elle repassait l'événement dans sa tête. Elle s'éprend de la personne. Certains se retrouvaient dans ses mots.

Pourtant, personne ne la poursuivait. La connexion s'arrêtait avec l'événement, ou, comme elle l'espérait, continuait dans leur esprit. Elle souhaitait un grand geste romantique de la part de quelqu'un avec qui elle ressentait une connexion émotionnelle.

Rencontre Avec La Nouvelle Personne

Uneasiness la trouve, rivalisant pour attirer son attention. Elle sait que l'inquiétude ne la quittera pas tant que l'inquiétude ne lui aura pas déversé son cœur. La procrastination la défend contre l'inquiétude. Elle sait qu'il est un ami protecteur.

Certains retards ne peuvent être retardés. Il est préférable d'affronter certains changements. Elle accueille Uneasiness dans une pièce en bois riche, bordée d'étagères de livres dont elle ne reconnaît pas les titres d'un coup d'œil. Près de la cheminée, elles s'assoient dans des fauteuils confortables. Le regard complice d'Uneasiness lui donne un frisson, et elle remonte son châle.

Oui, elle est prête pour la conversation à cœur ouvert. Sa vie devra attendre. Elle se regarde dans le miroir orné. Elle n'est plus celle qu'elle était il y a quelques jours. La vie a une façon intelligente de changer toutes les croyances que vous avez. Il y a cent pas entre le présent et le futur, et comme une voyageuse consciencieuse, elle a franchi chacun d'entre eux.

Uneasiness parle avec elle des événements récents qui l'ont transformée en cette nouvelle personne. Ensemble, ils construisent une nouvelle perspective sur la vie. Elle reconnaît qui elle est, et ensemble ils marchent vers un ciel lointain.

Potluck

Peut-on être libre, ou l'est-on pour se lier inutilement à des personnes et à des choses ? L'amour, un joyau qui fascine depuis la nuit des temps. Ce qui nous apprend la camaraderie nous apprend aussi à revenir à notre individualité. Ce qui nous permet de bénir les autres fait également retomber la colère du karma sur les personnes pour lesquelles nous versons des larmes.

Comme le cœur humain est désespéré ! Comme il est déraisonnable ! Comme un enfant fixé sur un animal qu'il veut comme animal de compagnie, le cœur continue à courir vers ce sur quoi il a marqué son amour, malgré les rejets.

Je pourrais voir en toi des millions de visages et aucun d'entre eux n'est joli. Pourtant, si on m'offrait la lune sur un plateau, je choisirais vos multiples personnalités.

"Les fantômes nous parlent tout le temps, mais nous pensons que leurs voix sont nos propres pensées." -David Foster Wallace.

Les rares fois où 3Emma Swan a ouvert la porte à ses émotions, elle a eu le sentiment désagréable d'être entrée dans la mauvaise pièce et d'être censée jouer le rôle de la protagoniste. Pour une femme qui trouvait son bonheur dans la musique avec des paroles significatives, on attendait d'elle qu'elle se contente d'un bruit blanc strident. L'angoisse qu'elle ressentait au fond d'elle débordait des coutures. Il y avait trop de gens dans ce monde - ces créatures jacassantes avec une aura de négativité qu'elles voulaient projeter sur vous.

Malchanceux En Amour

Que faire après avoir épuisé tous les mots ? Quelle est l'action plausible après que vous lui avez envoyé vos écrits sur lui dans un élan momentané ? Il y a des pores dans mon cœur qui se rassemblent parfois en un grand trou. Qu'est-ce que je suis censé dire que je ressens, alors que la plupart du temps, je dois avaler de l'art pour ressentir quelque chose ?

Nous sommes nos propres démons, et rien de ce qu'il dira ou fera, ou ne dira pas ou ne fera pas parce que cela aussi est une action, ne pourra calmer le démon qui crie : "Tout ce que j'ai aimé, je l'ai aimé seul."

Comment Devenir Une Bonne Sorcière

Vous naissez unie. Lorsque vos hormones se mettent en marche et que votre énergie monte en flèche, vous êtes submergée. À trente ans, vous commencez à tracer des limites énergétiques lorsque vous voyez votre santé et vos études dérailler à cause d'un manque d'énergie. C'est un cycle qui consiste à incarner son pouvoir et à le donner.

Quasars

Cela fait trois ans que je vis toujours dans ton ombre,
Je t'ai toujours fait chevalier de l'Ordre du Halo.
Quasars polarisés sur les mêmes axes,
Dans la toile cosmique avec un accès limité.
Boules de cristal et hasards du destin,
Touch, go et transes solitaires.

Muse

Nous sommes les pièces d'un puzzle,
à la recherche de l'autre.
Tu es le saut de mon pas,
Le robuste dans mon lit,
Mon fantasme le plus chaud,
Tu es la plus douce des délicatesses,
Je suis le nom sur tes lèvres,
Tu es la raison de mon bonheur,
Tu es la vérité que je refuse,
Ma muse de toujours.

Du Sable Dans Les Mains

Je regarde le rivage,
Celui vers lequel j'ai nagé,
Enfin, le rêve est devenu réalité.
Je regarde l'horizon,
Rien n'est différent, aucun présage ne me guide,
L'eau n'est pas claire comme elle devrait l'être.
Je regarde mon reflet,
J'ai des choix à faire,
Des décisions à prendre.
Je tiens le sable dans mes mains,
Le rêve d'un jeune cœur,
Mais la pierre dans ma tête est dure.
Des visages m'entourent, connus, inconnus,
Certains me demandent de serrer mon rêve,
D'autres me demandent de le laisser être.
J'observe la confusion, mon esprit est vide.
Quelle que soit ma décision, je ne peux pas faire marche arrière.

Icicle

Un éclat de glace, une explosion de nuages,

Un cœur en décomposition, un linceul noir.

Encore et encore, goûtant une verrue sanglante,

Libérant une centaine d'oiseaux de ce coeur en cage.

Fermez les yeux, changez les serrures, perdez les clés,

Les mots n'ont jamais été conçus pour être des messagers.

trompeuse,

L'honnêteté flagrante, ce sont les nuits sans sommeil et les hurlements.

J'ai allumé une bougie pour toi dans mon cœur, puis j'ai attisé la flamme,

Le guide ne t'a jamais atteint mais m'a enflammé.

J'ai écrit un mot, j'ai serré les dents dessus,

J'ai entendu mes os se briser ; ce n'est pas comme ça que ça a commencé.

De la chasse aux papillons à la recherche d'un œuf de dragon,

La quête m'a consumé ; la noyade est ce que je redoute.

Je saigne des mots de blessures inconnues,

Pourtant, tu es là, assise, un si joli visage, pour lequel j'ai fait la lune.

Nyctophilia

Certaines nuits, nous comptons les moutons qui sautent par-dessus une clôture,

Certains soirs, nous parlons toute la nuit avec des amis,

Les nuits sont jeunes, les jours sont flous,

Regarde cette célébrité, tu es meilleure qu'elle,

Parce que tu as de la substance et du cerveau,

Et la liberté de courir sous la pluie.

Qu'est-ce qui est ouvert jusqu'à deux heures, où vous pouvez manger à quatre heures,

C'est un savoir qui nous est réservé, nous en savons tellement plus.

Toi, moi, un chien et la plage,

Les mains sont assez proches pour être tendues,

Le sable en dessous, les étoiles au-dessus,

Mythologie et constellations, vous pourriez apprendre de nous.

Sans Sommeil

Quand les berceuses ne peuvent pas m'endormir,
Quand ton image se répète dans mon esprit,
Je compte les étoiles, je regarde la lune,
Je fredonne une chanson de l'aube à midi.
Quand tu entres dans mes discussions,
Quand tu envahis mes pensées,
il y a un sourire sur mes lèvres,
Une raison pour mon bonheur.

L'histoire D'une Petite Fée

C'est l'histoire d'une petite fée,
Une belle histoire, mais un peu effrayante.

Elle est née d'un couple pas très loin,
L'homme a dit qu'il a été béni par le pouvoir supérieur.

Elle était la joie dans la tristesse,
Le calme dans la folie.

Elle prenait les larmes de l'homme et les soufflait,
Elle se tenait aux côtés de l'homme quand le monde s'éloignait.
Un jour, un sorcier maléfique et sombre passa par là,
Comment a-t-il pu supporter tant de joie ?

Il joua avec l'esprit de l'homme,
Il a fait ce qu'il voulait, il a détruit le clan.
La petite fée et l'homme se retiennent de pleurer,
Personne ne fait le premier pas, chacun a ses peurs.

Poursuivre Le Même But

Je suis toujours enfermé dans ton énergie,
Toujours épris de ton cadre,
J'ai toujours envie de notre synergie,
Je charge encore la partie sauvegardée,

Zorber notre mémoire,
En orbite autour de notre histoire,
Chasing the same high,
Je m'imagine toi et moi.

Le Grand Hall

Tous deux entrèrent dans la salle, vêtus d'une cape de couleur pourpre,
L'esprit en proie à une myriade de pensées, l'ego refusant de s'humilier,
Elle fut la première à rompre,
La première à négocier,
Témoin de l'indifférent, du fabricant, et de la
façade.

Que L'aventure Commence

Tu m'aimes,
J'ai vu un brouillard se lever,
Ton visage de pierre a fondu,
Pendant une fraction de seconde, mon moi déraillé a retrouvé sa voie,
Pendant un instant, j'ai tenu le monde dans ma main.
Arrêter le temps avec des baisers,
Touchant, taquinant et manquant.
Le monde dans une pièce,
Une pièce avec le monde,
Vibrant et scintillant,
Chaque goût est savoureux,
Des sourires et des rires,
Et l'aventure dans l'au-delà.
Donnez-moi toutes les couleurs d'une palette,
Et laissez-moi les éclabousser sur une couette

Produits Chimiques Pétillants

Ici, j'écoute les chansons que tu m'as demandées,
Ici, je ne fais rien de nouveau,
Je veux juste être près de toi.

Les paons dans les champs, les voitures, la pleine lune, la brise,
Les cris, les discussions, le confort, la facilité,
Hors du rythme, en accord avec le cœur,
Sur une colline, partageant audacieusement notre art.

Nous sommes jeunes et insouciants,
émotifs ou indifférents,
Les sages les plus sages à marée basse,
Les sorcières les plus puissantes à Yuletide.

Je te garde caché dans les signets et les textes surlignés,
consultant des oracles pour nous, pour ce qui se passe ensuite.
Je t'ai écrit une lettre et l'ai glissée dans le vide,
J'ai mis tous les coeurs d'amour dans un bocal,
J'ai scellé le couvercle avec un baiser pour ne pas l'entrouvrir.
Le bonheur qui rayonnait sur ton visage en me voyant,
Les frissons que je ressens quand tu fais de la télépathie.
J'ai cherché un moment avec toi,
Toute ma vie, de toute mon âme,
Mon nom sur tes lèvres me fait croire que tu en veux plus.
J'ai pris une bouffée d'air, j'ai soupiré lourdement,

me rappelant la nuit où je n'ai pas pu respirer à cause de l'extase.

Météorite

Je n'ai jamais vu une étoile aussi brillante que toi,
Je n'ai jamais ressenti une rupture de cœur intense
comme la séparation des pétales d'une fleur épanouie.

Deux phrases de tes lèvres
sont deux semaines d'extase alors que le jour s'égoutte.

Le souffle qui m'échappe,
ce moment où je ne suis plus moi.

L'angoisse, l'oubli de respirer,
se transforme en plaisir lorsque vous vous rencontrez.

Donnez-lui du temps et de l'espace,
Le destin est un chaton qui joue à la chasse,
démêlant le fil,
Trop lent, trop rapide, zut.
C'est un bal ici, chacun demandant une danse,
Les jeunes filles embrassent la grenouille, lui donnent une autre chance.
Les feux célestes ne pleuvront pas,
Des mantras pour conjurer la douleur.

Perdre Tout

Je perds tout ce que je croyais être à moi,

La santé mentale, le sourire, la vie parfaite.

Le rire, le beau mensonge,

qu'ils entendent en me voyant mourir.

Je ne ressens plus rien du tout,

Je marche lentement vers l'endroit où je tombe.

Au bord de la falaise, et je n'ai pas d'ailes,

Je peux clairement entendre la cloche de la mort sonner.

Une Âme À Vendre

J'essaie de sourire,
Mon cœur se brise à l'intérieur.

Je fais semblant de rire,
J'en ai assez.

Je regarde le monde passer avec joie,
Il n'y a pas d'issue, mon coeur est un jouet cassé.

Mon ombre n'est pas assez sombre pour me cacher,
Sous les feux de la rampe, ce n'est pas là que je veux être.

Je regarde les oiseaux voler dans le ciel,
J'aimerais être là-haut,
Enchaîné de chaînes, torturé en enfer ;
Pour un moment de paix, je donnerais mon âme à vendre.

Eaux Profondes

Comme des troncs d'arbre flottant dans la rivière,
Comme les nageurs non entraînés dans l'eau glacée qui tremblent,
Comme le soleil plongeant dans la mer,
Suis-je une partie ou le monde est-il une partie de moi ?

Eaux profondes, mer bleue,
Qui suis-je ?
Tempêtes, vagues ou ruisseaux,
Cauchemars ou rêves accomplis ?

La réflexion est claire,
L'avenir est proche,
Touchez la surface,
et vous le verrez disparaître.

Script

Il y a des questions sans réponses,
Des raisons que nous ne poursuivons pas,
Des sentiments que nous n'embrassons pas,
Des rêves que nous tardons à poursuivre.

Seul dans mes moments de tranquillité,
Je suis hanté par ma présence,
L'ombre ou l'âme,
Une partie ou le tout.

La vie a un scénario, dit-on,
J'y joue volontiers mon rôle,
La musique de fond se transforme en bruit,
Je danse sur l'air, je n'ai pas d'autre choix.

L'esprit joue ses tours,
Le coeur clique bêtement,
Une vague, un sourire, un soupir d'espoir,
revient avec une larme à l'œil.

C'est Ma Vie

Ombres et silence, lumière et bruit,
arcs-en-ciel et pluie, sauvage et équilibre,
Pas de reprises, pas de retours en arrière,
Aucune critique ne peut me retenir.

En sécurité dans l'amour doux,
Les amitiés me soutiennent,
Je saute dans les flaques et je glisse trop mal,
Mais qu'est-ce que la vie si on ne s'amuse pas ?

Des rires et des larmes,
Des câlins de mes chéris,
Des discussions incessantes,
Des promenades silencieuses.

C'est ma vie,
J'essaie de la mener à bien,
Des objectifs et des rêves pour parcourir le kilomètre,
Courage, amour et un sourire perpétuel.

Taches

Prenez une photo et brûlez-la,
Des braises puis des cendres,
Déterrer un souvenir et l'asservir,
Puis la folie se déchaîne.

La lumière puis l'obscurité, l'obscurité puis la lumière,
Le coeur ne sait pas distinguer le mal du bien,
Le silence ou les mots, l'errance ou la fuite,
Rien ne tue le conflit intérieur.

Lâchez les ballons, roulez au bord de la lune,
Pourquoi la fin a-t-elle été soudaine et si proche ?
Des vagues que je suis le seul à voir, des émotions que je suis le seul à ressentir,
Reste tranquille, cher coeur, tu me fais tourner la tête.

Statue

J'ai arrêté de faire des sanctuaires pour les hommes,
d'allumer de l'encens sur des autels pour eux.
J'ai cessé de tendre la main en signe de sollicitude,
De marcher sur des chemins de charbon qui me brûlent.

Je regarde par la fenêtre,
Dans de rares moments, je m'en vais,
je m'assois avec moi-même,
vivant de l'entraide.

Non Lu

J'écris comme je respire,
Un souffle instable et oublié.
J'écris notre saga,
Un drame interrompu.

Je t'écris dans l'existence,
Comment je te courtise avec persistance.
Le blocage de l'écrivain frappe
Chaque fois que tu t'éclipses.

Tu as été l'encre de mon stylo,
Ma ruine parmi les hommes,
Une gloire arrachée,
Une histoire tragique.

Capitole

Une journée venteuse et ensoleillée ; un café devenu froid,
Dans l'agitation de la vie, une histoire non racontée.
Dans la neige, dans une ville balnéaire,
Un cycle de destin qui s'achève.
Musique flamboyante et gazouillis,
Et des hoquets injustifiés.
Les ailes battent fort, les pieds ne touchent pas le sol,
Les drapeaux divisent le monde, les coeurs sont sains et saufs.

Une nuit sans sommeil, un thé tiède,
Un million de pensées qui se bousculent,
Le ciel déversant, la terre desséchée,
La brise, les moments où je ne peux pas respirer,
Le temple ancien, la prière pleine d'espoir,
Une visite promise quand tu seras là.
Sous le même ciel, nous partageons la même terre,
Dans un temps parallèle, la pluie du même foyer.
Toutes mes pensées sont portées par la brise,
S'envolent du ciel, reviennent pour me taquiner,
Des flashs et des flashs comme des trous de mémoire,
La ligne temporelle inférieure s'effondre en rugissant,
Un son singulier, une cloche dans l'esprit collectif,
Demandant à chacun d'entre nous ce qu'il a trouvé.

Amoureux En Rêve

Les amoureux en rêve sont plus gentils,
Même les chances d'une séparation pacifique.
Mon cœur est à sa place,
battant dans notre calme étreinte.
Les amants dans les rêves sont les miens,
Un moment hors du temps.

Lumières De La Ville

Lumières de la ville et route animée
dans une ville lointaine
Mais son esprit est sur une autre route.

À quel point sommes-nous responsables de la vie d'autrui ?
Comme nous nous sentons coupables de la détresse d'autrui !

Je vois des avions décoller des routes,
J'entends les malheurs de tant de gens,

Personne n'est là où il veut être,
Voudriez-vous échanger avec moi votre misère ?

Des phares de lumière s'estompent dans le lointain
comme un phare
ou l'angoisse des sirènes ?
Je vois des auras qui appellent à l'aide,
Difficile de faire taire le mufle de mon âme.

Il faut toute une vie pour apprendre à vivre,
Il faut une vie vécue pour tout regretter.

Je m'évanouis dans les grands espaces,
Chassant désespérément les lumières artificielles.

Si tu rencontres des lucioles, tu ne leur diras pas de venir me trouver ?
Oh, eh bien, laissons-les faire, car à chaque instant, je brûle et je vacille.

Je m'envole vers nulle part,
Je vois des constellations dans des éclats de verre.

L'homme De La Mort

Ils ont appelé ton nom et t'ont conduit à la potence,
Ils ont barbouillé ton nom d'anges avec des auréoles.
Tu es coincé dans l'entre-deux,
et vous vous rendez compte à quel point les choses vous ont semblé bonnes.

"Tirez le nœud coulant", criez-vous,
"Séparez la tête du cœur,
Coupez le flux constant de pensées."

Cagoulé

Vous avez l'air d'un homme qui revient de la guerre,
Un homme qui a vu l'enfer et tout,
Des pas fatigués, le silence pour engourdir l'explosion,
Cette fois, pas de fausse cruauté pour étouffer l'implosion.
Vous êtes la vulnérabilité, debout près de la porte,
Disant au revoir quand tu veux être arrêté une fois de plus.

Confessions

Me voici en ces heures solitaires, dans ce lieu désolé,
où rien ne se passe ou pas assez souvent.
J'ai mal de la tête aux pieds,
Mon âme n'a nulle part où aller.
Dans l'obscurité, je me souviens d'un chemin oublié.
Les blessures ne guérissent plus comme avant.
J'ai recours à de vieux schémas erronés,
car le monde m'échappe.
J'ai le goût de la tromperie sur les lèvres,
tandis que j'engloutis des boissons amères et saines.
J'ai choisi ce chemin, et j'ai choisi la logique,
Mais ici, mon coeur est vide,
et mes yeux sont remplis de larmes.
Je ne vais pas bien,
Je ne vais pas bien depuis très longtemps.

Promesse

Regarder le soleil se diviser en un éventail
des couleurs de l'amour que j'ai donné.
Buvez jusqu'à l'obscurité
jusqu'à ce que vous rameniez votre folie à la maison.
Alors que tu commences une autre journée défoncée,
Regrette que tu sois parti,
J'ai promis de rester.

Histoires De Constellations Et De Jeunes Filles Sous Les Constellations

Mes mots sont un écho dans le vide,
Le son d'un verre brisé par le toit.
Que soit sanctifié le nom de ton amour,
Sanctifié le gazon sur lequel elle marche,
Teintée la fenêtre d'où je te regarde,
Lourd les soupirs que j'avale.
Tic-tac, l'horloge passe,
Le parfum de l'amour qui carillonne,
Un son coincé dans ma gorge,
La mémoire joue une note savante,
Les voiles et l'action effrontée,
Harpe de Véga emportée au ciel.

Contes De La Mer

Navires naviguant vers le phare,
Les marins à la recherche d'aubergistes susceptibles de les héberger.
Le capitaine pense au voyage,
Pas au coeur qu'il a laissé sur la civière.
Les sirènes noient les marins malheureux,
Renouvelant un amour qui a vacillé.

Tu Me Fais Croire À L'amour

Toute ma vie, j'ai couru,
Les déchirements autour de moi me font redouter,
De la chose qu'ils appellent l'amour,
Et tous les trucs amoureux.

Quand tu me regardes avec ces beaux yeux,
Il y a un arc-en-ciel dans mon cœur et un lever de soleil,
La peur s'estompe et l'espoir s'allume,
Je voyage vers le ciel plus haut.

Tu me fais croire en l'amour,
Et que le monde est assez bon.
Tu me fais croire en l'amour,
Tu me fais croire en notre histoire d'amour.

Les fois où je me sens seul,
Tu apparais des nuages juste pour moi.
Les fois où j'ai besoin de t'entendre parler,
Tu m'entoures de ta voix et tu rends la vie douce.

Tu me fais croire en l'amour,
Et que le monde est assez bon.
Tu me fais croire en l'amour,
Tu me fais croire à notre histoire d'amour.

Mon Meilleur Rêve

Je me suis réveillée en recevant un appel de toi,
Huit ans se sont écoulés, et tu as surgi de nulle part.
Quelque chose s'est déclenché comme rien d'autre ne l'avait fait,
Tu as parlé pendant des heures de notre enfance.
J'ai souri quand tu as parlé des filles,
J'ai ri de la façon dont ton esprit fonctionnait.
Nous pourrions parler pendant des heures, comme nous l'avons fait,
Honnêtes et gentils, deux parfaits inadaptés.
J'étais un rêveur et tu étais mon rêve devenu réalité,
Tu m'as ouvert les yeux sur un conte de fées si nouveau.
Tous tes petits secrets, je les garde dans mon cœur,
Les mots que tu as prononcés accélèrent les battements de mon cœur.
Tu étais mon plus beau rêve auquel j'ai dit adieu pour la réalité,
Nous étions censés être, mais j'ai abandonné le destin.

Je suis une énigme, tu es une lueur d'espoir,
se démêlant hâtivement pour un spectacle en solo,
Échangeant des chances avec des baisers,
Des étreintes si apaisantes,
Plus de plaisir que je ne peux en supporter,
Je te serre si fort que je halète dans ton oreille,
Le désir et la nostalgie maintiennent l'énergie en vie,
Quand nos chemins se rejoignent, c'est une symphonie en direct.

Comètes

Si tout ce que je suis est ici, pourquoi mon cœur est-il fusionné avec toi ?

Si la réalité est ce qu'elle est, pourquoi est-ce que je vous vois en rêve ?

Des millions sur la planète, des centaines que nous croisons,

Un coup du destin pour nous d'avoir trouvé cela,

Nous nous rendons mutuellement plus vivants,

Je ne peux plus me contenter d'une vie inférieure.

Les mots sont-ils la mesure des émotions ?

Je suis surpris de vous trouver dans les rotations,

Je plonge ma plume dans un océan,

La seule couleur qu'elle absorbe est ta lotion.

Comme des comètes fonçant dans le ciel,

Chacun est un rocher jusqu'à ce que nous fassions du feu.

Sucre

Sugar, on dirait une chanson mélancolique,
jouée sur disque toute la nuit.
Ton âme est folle à la surface,
comparant ta grâce à son visage.

Ce fut un long voyage solitaire,
Avec des chevaliers dans un tourney ennuyeux,
La quête d'un chevalier aimant et courageux,
S'est terminée avec votre épée perdue dans le combat.

Kaléidoscope

Depuis notre séparation, je tiens un kaléidoscope,
Il a un tube qui va du futur au passé,
Des miroirs qui reflètent la logique des événements,
des verres colorés par des moments miraculeux,
Quand je regarde à l'une des extrémités du tube et que je le tourne,
je suis submergé par les changements d'émotions.

J'ai construit un musée d'art pour nous,
Aussi abstrait que cela puisse paraître, je nous ai gardés en analogie,
Je laisse traîner mes doigts sur la calligraphie,
et le clair-obscur avec le fusain sur la toile.
Je nous ai mis sur une façade juste pour voir le raccourcissement,
Puis j'ai prié à l'autel et j'ai laissé la porte s'ouvrir.

Les monstres se cachent dans les âmes de ceux que vous aimez.
Certains resteront avec le monstre plutôt qu'avec vous.
Dr Jekyll et Hyde,
Derrière les masques se cachent des démons.
Derrière la bête se cache un homme merveilleux,
C'est un mensonge que seul Disney a chanté.
Juger ou subir,
La société est un danger.
Enfermez votre cœur et enterrez-le dans un endroit sûr,
La recherche de l'âme sœur est un labyrinthe dangereux.

Étincelles

Dans un monde plein de confettis,
de gens qui se rendent à Haïti,
j'ai trouvé le bonheur dans un livre,
Le confort dans mon coin préféré.

Je me suis abandonnée aux charmes d'un homme,
Rêvant de bras aimants,
L'anxiété à s'en mordre les ongles,
Des actions d'une variété insouciante.

J'ai trouvé la lune trop petite,
Je l'ai attachée au lasso à un pingouin,
La lune a plongé dans la mer,
Et j'ai ri de bon cœur.

Des étincelles ont jailli de mes doigts,
détruisant tout ce qui fait obstacle,
Electrifiant la terre,
Des fleurs ont surgi de la couchette.

Poussière De Fée

Franchissez les portes d'un présent troublé,
Le soleil fait la queue pour saluer, mais d'abord, ce sont les étoiles et le croissant de lune.
croissant de lune.
Un miracle est en route vers vous,
à travers les barrages routiers, les pneus crevés et quelques retards,
Finalement, il vous atteindra et vous embrassera pour vous réveiller.
L'avenir est radieux,
Rempli de bonbons, d'aventures et de palettes multicolores.
Tout est possible, tous les souhaits se réalisent,
Vous réfléchissez à vos rêves brisés, ne voyant pas les opportunités nouvelles,
Vous vous saupoudrez de poussière de fée,
La vie est belle ; va de l'avant, tu dois le faire.

Je t'embrasserai quand le soleil se couchera,
Je te tiendrai la main quand tu te sentiras seul,
Je te montrerai les étoiles scintillantes la nuit,
Je ferai appel à la magie pour que tout aille bien,
Je pourrais embrasser tes larmes,
Échapper à tes peurs,
Il suffit de dire le mot, je suis là.

Il y a dans mon cœur un désir ardent qui ne peut être refusé,
Une demande désespérée qui ne peut pas être étouffée,
Il frappe, frappe et gémit aussi,
Des hurlements au clair de lune, des lettres avec de la rosée de verveine.

Appelle-Moi Par Ton Nom

Appelez-moi par votre nom
pour que je sois certain
que tu ressens la même chose.

Appelle-moi quand je passe dans ta tête
comme le meilleur whisky
le plus fort au mieux.

Appelle-moi par ton nom
quand nous sommes nus
et que je contemple avec adoration ton cadre.
Les univers s'effondrent et se créent lorsque nous nous embrassons.
Je continue à étreindre un cactus en croyant qu'il se transformera en fleurs.
Nous ne sommes pas des flammes mortes. Nous sommes des parfums dispersés dans l'air.
J'ai laissé un amant dans cette ville, un amant qui n'est jamais venu me chercher.
Les mots d'un écrivain sont comme une toile d'araignée. La réalité et l'imagination sont intimement liées.
Parfois, le pire des échecs ouvre la voie au meilleur des succès.
Je comprends la fascination pour les boules à neige. Il s'agit d'avoir
Il s'agit d'une mémoire vivante suspendue hors du temps.
Nous écrivons peut-être pour jeter une allumette sur notre propre essence.

Je veux que vous vous souveniez de moi comme de la plus douce des prières sur vos lèvres.

Parfois, je pense que si vous me coupez, vous trouverez des mots et des émotions qui coulent dans mes veines.

émotions qui coulent dans mes veines.

Ton nom m'échappe comme une prière.

Tant que tu n'auras pas fait face au passé, tu ne pourras pas marcher vers l'avenir.

Le Silence Est La Paix

"Qu'est-ce que cette vie si elle n'est pas pleine d'attentions ?
Nous n'avons pas le temps de rester là à regarder".
Notre cerveau travaille très vite, au rythme de mille pensées à la fois.
à la fois. Que ressentirait-on si on l'arrêtait un moment ? Sans passé
passé, ni futur, ni même le présent, juste l'instant et ce qu'il offre. Sans se demander pourquoi, ni même comment, juste en acceptant et en étant en paix avec l'univers et avec nous-mêmes.
Sans se demander ce que nous devrions faire dans les années à venir.
pas nous regarder de haut parce que nous avons échoué, mais savoir que nous sommes
exactement là où nous devrions être et en sécurité dans l'amour de Dieu.
La vie est une chaîne d'événements. Tout nous a conduits là où nous sommes
et ce que nous vivons aujourd'hui nous mènera dans un endroit
magnifique. Au lieu de douter de la vie, pourquoi ne pas la considérer comme notre meilleure amie ?
comme notre meilleure amie ?
Qui a dit que la magie n'existait pas ? Je t'ai capturé dans les mots, et nous y resterons toujours.

Je fais des adieux à chaque respiration.

Un morceau de mon passé restera toujours enfoui dans les mots que j'ai écrits.

Graine

La Descente Dans La Folie

Dans le train du retour, j'ai bavardé avec mon compagnon de voyage,
et j'ai écouté l'histoire de cet intéressant étranger,
Ce que j'ai appris, je n'en ai rien à montrer,
sauf une sonnette d'alarme dans mon esprit pour normaliser la merde,
Telle est la fragilité de l'esprit humain,
L'autophagie métastase par l'esprit au mieux,
Ne finissez pas dans un asile de fous,
Peu importe le vacarme de votre esprit,
C'est peut-être une petite mesure de succès,
Mais c'est suffisant pour quelqu'un qui ne connaît que l'excès.

Cher Grand-Père

Les petits signes, la voix silencieuse,
Tout ce que tu fais,
pour me faire savoir que tu es là.

Je crois aux anges,
Parce que je t'ai toi,
Je crois en Dieu,
Parce que tu me l'as appris.

Je n'aurais jamais connu l'amour,
Sans toi,
Je n'aurais jamais connu l'amour,
sans toi.

Les mains que j'ai tenues m'ont appris à marcher,
Les mots qui m'ont propulsé au sommet,
L'ami que j'ai toujours eu,
Je t'aime, cher grand-père.

On ne sait jamais à quel point on est capable tant qu'on n'est pas inspiré ou mis au défi.

Parfois, le pire des échecs ouvre la voie au meilleur des succès.

Tant qu'on n'a pas fait face au passé, on ne peut pas aller de l'avant.

Racine

Les Racines

Comme cela m'est revenu ! J'étais de retour dans l'église de l'école et cela faisait vingt ans. J'entendais la chorale chanter des hymnes et je voyais ma petite fille de dix ans avec sa meilleure amie, criant Alléluia. La merveilleuse surprise de la sélection occasionnelle pour assister à la messe du dimanche matin. Le rare privilège d'être assis dans la cuisine du haut, la vue d'aigle sur les procédures de l'autel et les commérages sur le fait que seuls les enseignants chrétiens se voyaient offrir du vin. L'agitation des uniformes bordeaux et des voiles blancs. Le petit déjeuner spécial.

Étoile Filante

À la recherche d'une étoile filante, je marche ici, je marche là,
Dans l'espoir d'une seconde chance, je regarde partout.

J'aimerais dire que je me fiche du monde,
Mais la vérité est que je me soucie de ce qu'ils disent.

Je ne veux pas rester seul dans l'obscurité,
Je ne veux pas que mon monde s'effondre.

Mon monde commence à s'effondrer, ou est-ce dans mon esprit ?
Mon sentiment de solitude n'est-il qu'une ruse de mon esprit ?

Il y a un nouveau départ, une nouvelle aube,
D'une manière ou d'une autre, le passé ne me permet pas d'aller de l'avant.

Je fais deux pas en avant, le passé me rattrape,
Je lui fais un sourire confiant parce que j'ai confiance en moi.

Bourgeon

Comment Respirer

Trente ans et j'oublie toujours comment respirer,
Je n'ai toujours pas appris à m'endormir,
Mes pensées pourraient faire honte à un TGV,
Un esprit génial bégayant son propre nom,
Tant de masques, tant de moi,
Et seul le cannabis aide.

Le Guerrier Déchu

Voici l'histoire d'un grand et puissant guerrier,
C'était un vainqueur et toujours un vainqueur.
Il a gagné des batailles, il a été reconnu,
Il croyait que sa force était dans l'épée qu'il tenait en main.
Le puissant guerrier est tombé,
Il a perdu son épée et son âme.
Du zénith de la gloire, il est tombé dans l'abîme de l'humiliation,
Il a parcouru son royaume sans se réaliser.
Après des années d'errance, il trouva la réponse qu'il cherchait,
Il était l'épée, et non l'épée sa force.
Il était devenu un pauvre,
Il décida de récupérer son royaume.
Il perdit des batailles encore et encore,
Jusqu'à ce qu'un beau jour, il se rende à l'évidence,
Il gagna la bataille, son royaume, lui-même,
Cela a pris du temps, mais il a fait ses preuves.

Quand on a fini de réaliser un rêve, il y en a un autre qui attend d'être réalisé.

Et puis il a plu et tout ce qui était saleté a été balayé de son âme.

[1] Blanche-Neige et le Prince Charmant : des noms qui n'ont d'autre but que de définir le caractère du protagoniste : le charme.

[2] Pensieve : où sont mes amis fans de Harry Potter ?

[3] Ariel : référence Disney, la quintessence de la sirène.

[4] Emma Swan : personnage de la série télévisée Once Upon A Time

[5] Quasars : astronomie.

À Propos De L'auteur

Le Dr Aashna Gill est né à Amritsar. Elle a étudié à l'école Sacred Heart de Dalhousie. Elle a commencé à écrire de la poésie à l'âge de treize ans. Elle a remporté des prix pour ses écrits en anglais et en hindi. Elle est titulaire d'un baccalauréat en chirurgie dentaire de l'université Manipal, à Mangalore. Elle a également obtenu une maîtrise en chirurgie dentaire spécialisée en dentisterie conservatrice et endodontie.

LIVRES DE CET AUTEUR

Cendres

Le livre "Ashes" est composé de poèmes émotionnels, inspirants et motivants. Il comprend également une histoire d'amour, quelques autres histoires et de la prose qui donne à réfléchir.

www.ingramcontent.com/pod-product-compliance
Lightning Source LLC
LaVergne TN
LVHW041536070526
838199LV00046B/1689